DEUX MOIS

AU QUARTIER ROYAL

DE

DON CARLOS.

IMPRIMERIE DE R. TEYCHENEY, ALLÉES D'ORLÉANS, 16.

DEUX MOIS

AU

QUARTIER ROYAL

DE

DON CARLOS.

BORDEAUX.
CLÉMENT DULAC, LIBRAIRE-ÉDITEUR,
ALLÉES DE TOURNY, 38.
—
JANVIER 1836.

AVANT-PROPOS.

Quelques jours après mon arrivée à Bayonne, j'écrivis dans les journaux de cette ville une lettre qui a été répétée dans plusieurs feuilles de Paris. Je disais, qu'ayant quitté la France dans le mois de juin, j'avais été rejoindre à Salvatierra l'armée de S. M. Charles V; je disais aussi que, par suite d'une dénonciation qu'il m'a été impossible de découvrir; peut-être, et c'est ma croyance, d'après un caprice de son S. Exc. le ministre de la guerre, M. le comte de Villemur, j'avais été arrêté, mis en prison et traîné pendant près de deux mois à la suite du bataillon des guides d'Alava.— Il fallait un motif sérieux, du moins en apparence, pour justifier les traitemens plus que rigoureux dont j'ai été abreuvé pendant si long-temps.

On m'a fait passer pour un homme venu au quartier royal dans l'intention d'assassiner S. M.

Et où étaient les preuves? je le demande à mes accusateurs.

Dans un pays comme l'Espagne, auprès de gens qui se sont mis à la tête d'un parti assez puissant aujourd'hui pour fixer l'attention de toute l'Europe, un soupçon tant soit peu fondé m'eût mérité la mort; et cependant on a permis mon retour en France? Ne serais-je pas en droit, si je n'écoutais que ma juste indignation, de traduire à la barre de l'opinion publique, toujours sévère quand il s'agit de venger un innocent, ces mêmes gens qui se sont fait un jeu de mes tourmens? — Ils sont bien haut placés, leurs noms se lisent chaque jours dans les journaux. C'est un ministre de la guerre, ayant nom **Louis, comte de Villemur**; c'est un ministre des finances et des relations étrangères, ayant nom **Cruz-Mayor**; c'est le confesseur d'un roi, plus puissant que le roi, c'est le moine **Echevarria**; ce sont des généraux, le comte Moreno, *à la réputation européenne*, que l'Angleterre a chassé de son territoire, que la France a jeté en prison pendant trois mois, et qui est aujourd'hui général en chef de l'armée royale en Espagne; Uranga, gouverneur et commandant des troupes qui escortent Charles V. Oui, si je le voulais, je publierais sur leur compte des renseignemens, des faits dont ils ne démentiraient pas l'exactitude, et la vérité. Au besoin, j'invoquerais l'ombre de ce

Zumalacarreguy, cet homme si supérieur, blessé légèrement devant Bilbao, bien portant à neuf heures du soir..... et mort à minuit!....

Je laisse à d'autres le soin de faire leur biographie.

En écrivant ces quelques lignes, mon intention n'est pas de discuter le principe que représente S. M. Charles V, encore moins de l'attaquer : il ne m'appartient pas, à moi, pauvre inconnu, de briser des lances pour ou contre la légitimité ; je ne veux que relever quelques erreurs généralement répandues.

La question qui s'agite de l'autre côté des Pyrénées a chez nous ses défenseurs et ses détracteurs. Les uns et les autres ne sont pas tout-à-fait dans la vérité. Habitués comme nous le sommes à voir les choses, non pas sous leur véritable point de vue, mais bien d'après nos opinions et nos désirs, tel acte, tel fait, obtient l'approbation des uns, le blâme des autres : aussi, il faut être bien impartial, il faut avoir vu de ses propres yeux pour distinguer le vrai du faux.

Après la mort de Ferdinand VII, la presque totalité des Espagnols salua sincèrement l'avénement au trône de la jeune reine Isabelle, sous la régence de Christine, dont les opinions tant soit peu libérales étaient connues. Ce malheureux pays espérait enfin reprendre dans le monde un rang que de longues guerres et le despotisme de quelques personnes lui avaient fait perdre. Mais il fallait opérer lentement. On avait à lutter contre de vieilles coutumes, d'anciennes idées, qu'il eût été imprudent de heurter de front. D'un autre côté, les gens exaltés voulaient aller droit au but. Dans cette position si délicate, un gouvernement qui venait de naître devait se trouver nécessairement embarrassé. Il y avait bien de la bonne volonté, mais il manquait une main ferme et sage; il manquait un homme supérieur aux autres hommes : il ne s'est pas trouvé, et l'Espagne est aujourd'hui plus bas qu'elle ne l'a jamais été. On avait à ménager les provinces du Nord, que des droits aussi vieux que le temps rendaient presque indépendantes de la métropole. Le royaume de Navarre avait ses lois et ses réglemens; les trois provinces de la Biscaye, du Guipuzcoa et de l'Alava avaient des *fueros*, c'est-à-dire des institutions particulières. Le gouvernement de Madrid n'étendait son pouvoir dans ces pays que d'une manière insensible et peu rigoureuse.

Aussi, en voulant réunir sous un même sceptre et sous une seule forme de gouvernement toutes les provinces de l'Espagne, on attaquait des droits sacrés, on violait un serment, on justifiait la révolte.

Les Navarrais prirent les armes les premiers. A leur tête se mit le brigadier Santos Ladron, ancien gouverneur de Pampelune.

Il régnait une grande fermentation dans les trois autres provinces. Des prêtres, des moines excitaient au soulèvement les populations des campagnes.

Ce n'était d'abord que pour défendre leurs antiques priviléges; alors la question de l'intérêt personnel marchait avant tout; le trône et l'autel ne venaient qu'après. Des chefs habiles exploitèrent bientôt l'énergie et le courage des bandes. Il ne fut pas difficile de faire croire à des gens ignorans qu'au maintien de leurs droits devait se joindre la défense de l'église et de la légitimité, leurs seules garanties. Bientôt ces trois motifs n'en firent plus qu'un : le triomphe de don Carlos assurait celui des deux autres. Si l'on peut, en comparant les actes du présent, dire ce qu'aurait fait le frère de Ferdinand si l'ordre de succession n'eût pas été changé, on doit raisonnablement croire que les provinces du Nord, encore moins le clergé, ne seraient pas aujourd'hui en insurrection ouverte.

Le cadre que je me suis tracé ne me permet pas d'entrer dans de grands détails; et cependant j'étais à Tolosa lors de la révolte de Bilbao; quelques jours après je me trouvai à Pampelune, dans les premiers jours d'octobre 1833, lorsque Lorenzo fit fusiller, dans les fossés de la citadelle, le brave et malheureux Santos Ladron.

Don Bendito Eraso lui succéda dans le commandement des bandes. On sait que, poursuivies et battues par les troupes du général Saarsfield, elles se dispersèrent, et que leur chef fut obligé de se jeter sur notre territoire, où lui et plusieurs autres officiers reçurent leur destination pour des villes de l'intérieur. Bordeaux fut assigné au général Eraso, qui n'avait alors que le titre de colonel.

Les faibles débris de ces bandes erraient dans les montagnes. Alors parut un homme, ancien militaire, d'un âge déjà mûr, que vingt-cinq ans de glorieux services n'avaient élevé qu'au grade de colonel d'un régiment d'infanterie légère; alors, dis-je, parut Zumalacarreguy. Armé d'une volonté de fer, d'une force de constitution et d'une activité surnaturelles, il réunit toutes ces bandes, leur imprima une direction, que des connaissances militaires et aussi celles du terrain sur lequel il combattait, puisque c'était son pays, rendirent bientôt formidable. En peu de jours il régularisa sa petite armée; de jeunes hommes qui n'avaient jamais fait la guerre, il en fit bientôt de vieux soldats; il avait à lutter contre tout, son génie lui fit trouver des ressources à tout, et bientôt le nom de Zumalacarreguy retentit dans toute l'Europe à côté d'un succès.

Il arriva ce qui arrive toujours dans un pays où règne la guerre civile : les bataillons de Zumalacarreguy se multiplièrent rapidement. Les mécontens accoururent de toutes parts. Les honneurs du commandement chez quelques-uns, le désir de la gloire chez quelques autres, lui donnèrent des officiers actifs et audacieux : Ituralde, Villareal, Sagastibelzo et tant d'autres devinrent, sinon de savans capitaines, du moins de hardis chefs de guerillas.

Plus les succès de Zumalacarreguy s'étendaient, plus aussi il voyait venir à lui des gens qui n'avaient pas eu le courage de le suivre dès son début, mais qui venaient sans rougir réclamer une part de ses triomphes. Sa franchise militaire lui fit de cruels ennemis ; car il avait des paroles biens amères pour ceux qui croyaient justifier leurs prétentions par l'exagération de leur opinion pour une cause qu'ils n'avaient servie que de leurs vœux, ou par des titres de noblesse et des emplois à l'ancienne cour.

Charles V quitta l'Angleterre dans le mois de juin, et, traversant la France en calèche découverte, arriva à Elisondo le 10 juillet.

De nombreux partisans de sa cause le rejoignirent bientôt, et bientôt aussi Zumalacarreguy trouva de l'opposition à ses volontés, non de cette opposition qui s'appuie sur de bonnes raisons, mais de cette opposition de jalousie qui entrave en dessous toutes les opérations, et tellement cachée, qu'il répugne à un homme d'honneur de la connaître.

Il est incontestable que tout le monde tremblait devant la colère de Zumalacarraguy : adoré de tous ses soldats, auxquels cependant il ne ménageait ni les fatigues ni les privations, qui aurait osé lui résister en face?

On avait applaudi aux succès de Zumalacarreguy; il avait été comblé d'honneurs et de témoignages de reconnaissance; mais il était devenu bien puissant; d'ailleurs on croyait les choses assez avancées pour pouvoir se passer de lui; comment faire parler de soi à côté d'un homme qui n'écoutait que ses propres inspirations, parce que jusqu'ici il n'avait eu qu'à s'en louer. Décidément Zumalacarreguy était de trop. Ses courtes visites au roi étaient toujours marquées par quelques propos peu flatteurs sur la nullité des courtisans qui l'entouraient. Zumalacarreguy, trompé par de faux rapports, vint mettre le siége devant Bilbao, capitale de la Biscaye. Étant à un balcon, à peu de distance de la ville, il reçut une balle à la jambe : la blessure lui parut si légère qu'il ne voulait pas se mettre au lit; il écrivait au roi dans la soirée qu'il monterait à cheval le lendemain, et à minuit il avait rendu le dernier soupir.

Je crois hors de propos, peut-être aussi au dessous de moi, de répéter les bruits qui circulèrent et qui circulent encore dans les rangs de l'armée royale sur la mort si prompte de Zumalacarreguy. Ce serait vouloir les accréditer, leur donner un caractère de vraisemblance, et je ne m'en sens pas le courage. Quand les passions se seront calmées, l'histoire parlera, et nous serons obligés de la croire.

Zumalacarreguy mort, le siége de Bilbao fut levé. S. M. Charles V se mit à la tête de son armée; mais le commandement en chef en fut donné au lieutenent-général Moreno, arrivé en Espagne depuis peu de temps. On créa de nouveaux bataillons, on leur donna pour chefs, non pas ceux qui depuis vingt mois avaient partagé la gloire et les dangers de Zumalacarreguy, mais bien des officiers qui avaient déserté les drapeaux de la reine, ou qui arrivaient de l'étranger.

Peu à peu on substitua au motif qui avait fait prendre les armes à beaucoup de ces hommes, la défense de leurs *fueros*, une cause plus large; aujourd'hui, avec de nouveaux chefs, ils se battent pour le gain d'une couronne, parce qu'on leur a dit que cette couronne gagnée, la liberté de leurs franchises leur serait garantie : et je crois qu'il y a de la bonne foi de part et d'autre; mais à Dieu seul appartient de connaître le moment où l'exécution de ces promesses arrivera.

Je n'ai pas l'intention de suivre S. M. Charles V pas à pas depuis la mort de Zumalacarreguy : je vais seulement parler de quelques faits généraux, qui se sont passés sous mes yeux pour la plupart, ou qui m'ont été rapportés par des officiers dignes de confiance. Je dois dire ici que jamais les journaux ministériels, légitimistes ou libéraux, n'ont connu et ne connaîtront la vérité exacte de ce qui se passe sur le théâtre de cette guerre : les premiers diminuent toujours en faveur des christinos les succès des royalistes; les seconds les exagèrent ou ne parlent pas des échecs, quand ils n'en font pas des victoires; les journaux libéraux doutent de tout, et rêvent pour l'Espagne une forme de gouvernement qu'ils désirent également ailleurs, et dont ils remplissent depuis bien longtemps quatre ou cinq colonnes de leurs feuilles. Il s'ensuit que celui qui n'a lu que les journaux du pouvoir se demande comment il existe encore des *factieux;* par contre, celui qui ne lit que les organes de la légitimité, est tout étonné de ne pas voir encore Charles V à Madrid. Sérieusement, je le demande, est-il possible de savoir en France les nombreux mouvemens des deux partis? Les chefs eux-mêmes savent-ils si demain ils ne seront pas obligés d'aller au Nord, tandis qu'aujourd'hui ils se dirigeaient au Midi; et qu'on se le figure bien, ce n'est plus une guerre dont les plans tracés à l'avance doivent vous conduire à un but, toutefois avec les légères modifications qu'exigent les circonstances imprévues; non, c'est une guerre de détails, de surprises; et si chacun de ces détails, chacune de ces surprises ne faisait pas perdre la vie à quelques hommes, je dirais que c'est une partie de barre de chaque instant, de chaque jour, et dont le gain n'est bien souvent que l'erreur d'un calcul, qui a fait arriver l'un dans un endroit ou l'autre croyait arriver le premier. Ensuite, comment connaître le chiffre exact des pertes. Je vais citer un exemple :

A l'affaire de Mendigoria, les troupes royales se mesurèrent pour la première fois en plaine contre les christinos. Cordova avait vingt-six bataillons, quatre pièces de canon et deux cent cinquante à trois cents chevaux. Les royalistes comptaient dix-huit bataillons, deux escadrons de lanciers, l'escadron sacré et l'escorte du roi. L'affaire commença à huit heures du matin entre les tirailleurs des deux partis; peu à peu l'action devint à-peu-près générale. Cordova avait divisé ses troupes en trois colonnes serrées, quelques bataillons protégeaient sa droite, et sa gauche s'appuyait sur la cavalerie; il se servit à peine de son artillerie. D'après l'habitude des généraux royalistes, ils avaient disséminé la plus grande partie de leurs forces en petites bandes; toutes les hauteurs en étaient garnies. Mais on était en plaine, il fallait nécessairement s'approcher de l'ennemi; ce qui dans les montagnes leur avait souvent donné la victoire, ne leur servait de rien dans cette circonstance : la régularité des mouvemens, l'avantage qu'a toujours une troupe disciplinée sur celle habituée à ne se battre que par surprise, en détail et sans tactique militaire, fit qu'ils ne purent tenir long-temps. La confusion se mit dans les rangs ; vigoureusement attaqués, ils lâchèrent pied, se retirèrent en désordre de l'autre côté du pont qui est à l'entrée du village, et laissèrent le champ de bataille couvert de leurs morts au pouvoir des christinos. Eh bien, cependant ils s'attribuèrent la victoire. S'ils avaient fui devant Cordova, c'était pour l'attirer dans les montagnes ; et ensuite ce général avait des forces plus considérables que les leurs. Ils portèrent le chiffre des morts christinos à plus de six cents et celui des blessés au double ; ils accusèrent de leur côté quatre-vingt et quelques morts, à-peu-près autant de blessés. Cordova écrivit à Madrid qu'il avait complètement battu et anéanti la faction. C'est à la suite de son bulletin qu'il fut nommé vice-roi de la Navarre et généralissime des troupes du Nord. Comment démêler la vérité quand on lit les bulletins des uns et des autres. Je tiens de plusieurs officiers royalistes qu'ils avaient perdu dans cette circonstance plus de trois cents hommes, presque le double de blessés.

Quelque temps après, j'ai entendu de la propre bouche d'un aide-de-camp du général Cordova, M. Alonzo Contreras, qui fut fait prisonnier dans le mois d'août, que les rapports faits à l'état-major portaient cent quarante-quatre morts et cent quatre-vingt-huit blessés : lui même avait été de ce nombre.

Dans une circonstance plus récente, un bulletin royaliste, inséré dans les journaux de Bayonne et copié par les autres feuilles de l'intérieur, parlait d'une sortie faite de Bilbao par les troupes anglo-christinos. Repoussées par les bataillons carlistes, elles rentrèrent dans la ville après avoir perdu deux mille hommes. Quinze cents Anglais tués, cinq cents prisonniers anglais, y compris le général Evans. Les cinq cents prisonniers avaient été fusillés sur-le-champ. En sorte que les Christinos n'auraient eu ni un soldat tué, ni un soldat prisonnier. Je sais de source certaine que cette affaire si sérieuse se bornait à quelques hommes tués de part et d'autre.

Je vais dire quelques mots sur la manière dont sont imposées les provinces qui obéissent à Charles V.

Des juntes composées d'hommes les plus notables de la Navarre, la Biscaye, l'Alava et le Guipuzcoa imposent chaque village selon ses ressources présumées, le plus souvent selon l'opinion de ses habitans. Quant à la répartition, elle est presque toujours arbitraire. Les contributions en nature, comme le pain, la viande et le vin, sont bien loin d'être régulières. Depuis longtemps Estella, Salvatiera, Zuniga servent de cantonnement à une grande partie des bataillons royalistes. Chaque jour, l'officier supérieur reçoit trois rations complètes, l'officier subalterne deux, le soldat une; ensuite il se fait un gaspillage horrible : on exige presque toujours le double de rations nécessaires; encore si la troupe en profitait; mais non, il y a à la suite du quartier royal une foule d'intrigans qui boivent bien, mangent bien, volent le paysan et ne se sont jamais approchés de l'ennemi. Il est aisé de se figurer combien les campagnes, dans certaines localités, sont malheureuses.

Une ressource dont on use largement est celle des amendes, parfois aussi injustes qu'exorbitantes. Sous le plus léger soupçon, on condamne à vingt, trente ou quarante mille réaux une famille ou un membre d'une famille dont les opinions sont douteuses.

Dans la relation qui suit, je dis que deux négocians avaient été pris dans une voiture qui se rendait à Valladolid; ils sont de Vittoria : l'un, don Jose Ugarte, fut condamné à payer cent mille réaux; l'autre, don Melchior Carpintero, quarante mille. Peu de temps après, je vis Jose Ugarte à Bayonne, et j'appris par un de ses amis que le premier avait obtenu sa liberté pour dix mille francs, et le second pour cinq mille. Le besoin d'argent, besoin de chaque jour au quartier royal, fit qu'on accepta cette somme, parce qu'elle fut payée comptant.

Charles V et les quelques personnes qui l'entourent représentent un gouvernement. Il est impossible que, voyageant toute l'année, moins un repos de peu de jours, tantôt dans un village, tantôt dans un autre, les différentes branches d'administration, ne trouvant point un centre pour leur imprimer une volonté, aient rien de fixe.

La bonne volonté du roi ne peut pas suppléer à l'incapacité de ses ministres; et dans un pays livré à la guerre civile, l'habitant, forcé d'obéir aux circonstances, ne trouve aucune bonne raison à opposer au sabre du vainqueur.

J'ai étudié le pays, je l'ai parcouru dans tous les sens : avant mon arrestation, j'avais déjà recueilli des renseignemens qui, jusqu'à ce jour, ne m'ont pas trompé. Cette guerre unique en son genre doit encore durer bien long-temps; le gouvernement de Madrid n'a pas assez de ressources et manque d'énergie pour la terminer promptement. De son côté, Charles V ne rencontre pas dans le reste du royaume assez de sympathie pour s'aventurer hors de ses quatre fidèles provinces, et l'Espagne, ce pays si beau, si riche par lui-même, verra peu à peu se détacher de son sein quelques-unes de ses provinces : aujourd'hui elle a deux maîtres, plus tard elle en aura plusieurs.

DEUX MOIS

AU QUARTIER ROYAL

DE

Don Carlos.

J'arrivai a Bayonne dans le mois de juin. J'avais formé le projet d'aller en Espagne pour rejoindre l'armée de S. M. Charles V. Des raisons que je tairai m'empêchèrent de m'adresser aux agens carlistes de cette ville pour passer la frontière. Je m'embarquai pour Saint-Sébastien au petit port de Socoa, près St-Jean-de-Luz. Apres d'assez grandes difficultés, j'arrivai au Passage, d'où je pus facilement me rendre à Irun.

Je me présentai au bureau de la douane; je déclinai mes noms et le motif qui me conduisait en Espagne. On envoya chercher le chef militaire qui commandait cette petite ville. Il vint aussitôt, m'accueillit très bien, et donna ordre qu'on me préparât un logement dans le meilleur hôtel. Peu d'heures après, je reçus sa visite. Il avait fait réunir sa compagnie sur la place. Je ne remarquai pas ce qu'il y avait de peu militaire dans cette réunion de soixante-dix à quatre-vingts soldats armés de fusils de plusieurs modèles, l'un en veste, l'autre en capote, celui-ci sans veste et sans capote; j'étais trop content d'être arrivé en Espagne pour faire attention à de si légères irrégularités. Nous soupâmes ensemble. J'étais avide de l'entendre parler : long-temps il avait suivi Zumalacarreguy, lorsque cet homme étonnant, à la tête de quelques faibles bandes, commença cette guerre qui dure depuis deux ans, et dont les résultats font trembler Christine sur son trône; Zumalacarreguy que Dieu enleva à la terre au milieu de ses succès, et d'une mort si inattendue.

Après l'avoir écouté jusque bien avant dans la nuit, nous nous séparâmes, lui la tête un peu lourde des fréquentes libations que je lui faisais faire pour boire à la santé d'une quantité pas mal grande de héros royalistes, (car à les entendre : ils le sont tous), moi enchanté d'aller prendre une petite part de cette gloire dont tant de gens faisaient un si copieux butin.

Le lendemain, nous nous vîmes un instant; il me donna une escorte pour aller jusqu'à Urnieta, quartier-général de S. Exc. le général Gomès.

Je traversai rapidemeut Oyarzun et Astigaraja. Arrivé devant Hernani, j'entendis une fusillade assez vive. Le brigadier Jaureguy avait fait une sortie de Saint-Sébastien. J'accélérai ma marche.

A Hernani, devant la place de l'église et dans la grande rue, je vis trois bataillons, l'arme au bras, attendant l'arrivée du général, que je rencontrai sortant d'Urnieta avec son état-major, et suivi de deux autres bataillons. Je me logeai dans une posada, à l'enseigne du *Grand Saint-Jacques*, où j'obtins difficilement la permission de jouir, moi cinquième, d'une chambre de six pas de long sur quatre de large. Il pleuvait ; les coups de fusil se répétaient à de courts intervalles ; les habitans d'Urnieta étaient à leurs fenêtres, attendant avec assez d'indifférence le résultat du combat : car pour eux, pauvres gens, il leur est assez égal de payer aux royalistes ou aux christinos les fortes contributions dont on les accable, indépendamment des rations en nature. Si Jaureguy gagne, me disait mon hôtesse, c'est à lui que nous paierons; si Gomès gagne, nous paierons demain comme nous avons payé hier.....

A cinq heures du soir, la garnison de Saint-Sébastien rentra dans ses murs ; les royalistes rentrèrent dans leurs cantonnemens. Je ne pus voir le général le soir même : il était occupé avec son état-major à rédiger pour le quartier royal le bulletin d'une attaque qui avait duré plusieurs heures, où, de part et d'autre, on avait usé plus de quatre mille cartouches, avec l'énorme perte, du côté des royalistes, d'un cheval blessé, et du côté des christinos, au dire des premiers, d'un officier des chapelgorris tué et un soldat blessé. Le lendemain, c'était un dimanche, je me présentai au logement du général. Il était à la messe. L'église était à deux pas, j'y entrai. La cérémonie achevée, je suivis S. Exc. à sa sortie, et je l'abordai. J'ai peu vu d'Espagnols aussi polis et aussi distingués de manières que le général Gomès; il a plus de quarante-cinq ans, et cependant sa figure est belle et sans rides; il est né à Cadix. Je ne connais pas ses antécédens militaires; depuis peu de temps il commandait la province de Guipuzcoa, j'ignore s'il est bon ou mauvais général, je ne puis en parler. Son chef d'état-major me remit une *passe* signée Gomès, avec droit au logement, double ration de pain, de viande, de vin, et d'avoine pour le cheval qui devait porter mes effets. Je ne voulais pas l'accepter, je lui dis que j'irai jusqu'au quartier royal à mes frais. — Non, Monsieur, vous venez défendre notre cause, dès ce moment vous n'êtes plus un étranger. Et depuis, grand Dieu, comment a-t-on interprété mes intentions !......

Je pris congé de ces messieurs. En partant, le général me dit qu'il y avait deux officiers français dans le 2me bataillon de Castille cantonné à Andoain, sur la route de Tolosa. C'était mon chemin, et je me proposai bien de les voir en passant.

A midi, je me mis gaîment en voyage. J'étais au comble de mes souhaits : parfaitement accueilli des chefs qui ne me connaissaient pas, je devais espérer mieux, rendu au quartier royal, puisque j'y rencontrerais des officiers de ma connaissance. Arrivé à Andoain, je demandai à quelques soldats où était le logement de M. Miranda (c'était le nom d'un des deux officiers français; je ne me rappelle plus comment se nomme l'autre); on m'y conduisit : il dînait avec d'autres camarades du bataillon. Je lui dis que j'allais au quartier royal, et qu'ayant appris qu'il était Français, je n'avais pas voulu passer sans avoir le plaisir de faire sa connaissance. Je pris place à leur table; on causa beaucoup; je vis que mon compatriote était bien commun de gestes et de paroles.

Le dîner fut long, les têtes s'échauffèrent, c'était à qui raconterait ses hauts faits. Dans la conversation, j'appris par M. Miranda qu'il était de Bayonne; qu'il avait servi jusqu'aux événemens de juillet comme sergent-major dans un régiment de la garde royale, et qu'après la révolution il avait été en Espagne, où la mort de Ferdinand VII l'avait trouvé sous-officier dans je ne sais plus quel régiment. J'étais peu curieux de tous ces détails, plus que fatigué de tout ce bruit et de cette fanfaronnade castillanne; car Miranda en se faisant

Espagnol n'avait adopté que les nombreux défauts (d'autres diraient les vices) de cette nation, sans en prendre ce qui est excusable. Je dus me résigner à l'entendre jusqu'au bout. Il avait long-temps servi dans les rangs des christinos; Rodil, Lorenzo, Jaureguy, le connaissaient d'une manière toute particulière; long-temps il avait été la terreur des bandes carlistes, mais voyant que malgré sa valeur il ne pouvait atteindre une épaulette, objet de toute son ambition, un beau jour il déserte, se présente à Charles V qui le fit sous-lieutenant.

Ainsi, lui dis-je, vous vous battez aujourd'hui contre ceux qui étaient vos frères d'armes il y a quelques mois. — Moi, voyez-vous, je suis comme ça, j'ai juré fidélité à Carlos, je suis lieutenant-capitaine, je vais recevoir la croix de Saint-Ferdinand; eh bien, je n'abandonnerai pas sa cause; d'ailleurs je ne rentrerai jamais plus en France. — Si vous croyez que je n'ai pas mérité mon avancement, je vais vous en donner des preuves. Voyez-vous ces deux blessures? (Effectivement il avait un coup de feu qui lui traversait le corps, un autre lui avait fracassé la jambe gauche.) Et puis, voyez-vous, c'est moi qui ai fait fusiller M. Mazé! vous savez, le lieutenant de frégate qui commandait l'*Hirondelle*, en station à Bilbao... — Comment, monsieur, c'est vous qui avez fait fusiller cet officier de marine! Mais en

France on appelle sa mort un assassinat, une violation du droit des gens. — Oh! moi, voyez-vous, ça m'est bien égal : ce M. Mazé parlait mal des carlistes; il était christino, je demandai à Villaréal la permission de le tuer. Je pris six hommes de la compagnie ; je savais qu'il venait à terre presque tous les jours et que dans la soirée il regagnait à pied son bâtiment mouillé à Olaveaga. Je l'attendais sur la route dans la soirée du 1er au 2 janvier. Lorsque je le distinguai à quelques pas de nos hommes, cachés derrière un mur, près la boucherie de Saint-Pierre de Deusto, je commandai le feu; et après m'être assuré qu'il était bien mort, nous partîmes sans toucher à ses épaulettes ni à sa montre.

Le sang-froid avec lequel il me racontait comme un haut fait ce crime, l'orgueil qu'il en tirait, puisqu'il avait été fait lieutenant peu de temps après, me firent frissonner : je n'ai jamais compris l'assassinat derrière un mur, encore moins l'assassinat de nuit. Cet homme me faisait horreur; j'aurais donné beaucoup pour ne l'avoir pas connu ; il me tardait d'être loin de lui, et cependant je fus forcé de me contenir.

Ses camarades et lui voulurent à toute force me faire la *conduite;* ils m'accompagnèrent près d'une demi-lieue; enfin nous nous séparâmes. Il voulut m'embrasser. Pour la première fois de ma vie je fus forcé de dissimuler et de ne pas lui dire en face qu'il était un misérable. Miranda est un homme de 34 à 35 ans, il est plutôt petit que grand, d'une constitution chétive en apparence; sa figure est commune; il est de cette foule d'individus qui passeraient inaperçus dans le monde, s'ils ne prenaient le soin de se faire distinguer par quelques actions bien sales, bien lâches.

J'arrivai tout d'un trait jusqu'à Tolosa, sentant toujours le baiser de cet homme sur mes lèvres.

C'était un dimanche, et cependant je n'apercevais personne dans les rues. C'est que presque toute la population de cette jolie petite ville a émigré qui, Urbain s'est retiré à Saint-Sébastien avec toute sa famille, qui, a été plus loin, et est venu en France chercher abri et sûreté.

A la mairie, on me donna un billet de logement pour une des premières maisons de la ville; c'était celle d'un officier de la garde urbaine: il n'avait laissé chez lui qu'une vieille servante. Cette pauvre femme, bien à contre-cœur, j'en suis sûr, mais par crainte, m'installa dans l'appartement du maître de la maison. Ainsi, moi, étranger à cette guerre civile, qui fera des quatre provinces insurgées un vaste cimetière, je couchais dans le lit d'honneur d'un homme que les circonstances politiques ont chassé de chez lui, et qui aujourd'hui ou demain mourra misérablement dans un fossé, frappé d'une balle carliste....

Mais pourquoi ces réflexions, quelque peu

noires? Continuons notre route jusqu'à Villafranca, ensuite jusqu'à Segura, où je fus obligé de m'arrêter deux jours. Il y a dans tout ce pays un silence qui fait mal. Sur les routes on ne rencontre pas de voyageurs, pas de voitures, quelques piétons, mais bien rares. Dans les villes et villages, à peine si les habitans causent entre eux.

A Segura, je fus logé chez des paysans, mais qui vivaient du produit de leurs terres. Un membre de cette famille, suspecté de libéralisme, avait été forcé de déserter le pays. Chaque jour, la maison était obligée de payer 5 réaux de contribution extraordinaire.

J'ai dit que j'avais été obligé de m'arrêter deux jours à Segura; le motif en paraîtra peut-être extraordinaire; mais il est vrai : c'est que personne ne put m'indiquer où était le quartier royal. Je ne pouvais pas m'aventurer seul dans un pays que je ne connaissais pas.

Le second jour, j'appris que S. M. devait être à Zuniga ou à Salvatierra; je donnai la préférence à cette dernière ville. Je traversai cette longue chaîne de montagnes, appelée Alsasua, si célèbre par la défaite de Quesada. Je n'ai jamais compris comment ce général avait osé pénétrer dans les gorges sans bien connaître le pays. Il y perdit beaucoup de soldats et un grand nombre d'officiers d'un mérite incontestable. Ce fut dans cette déroute que périt un des officiers les plus distingués de l'armée de Christine, le lieutenant-colonel O'donnel, capitaine dans la garde royale. Il avait été blessé, dans la matinée, d'un coup de feu. Dans l'après-midi, il fut pris par les carlistes et conduit devant Zumalacarreguy. Il lui demanda la vie, offrit de payer une rançon très forte, s'engageant à ne pas prendre les armes pendant toute la guerre, rien ne put le sauver; il fut fusillé quelques minutes après. Alors, de part et d'autre, les prisonniers n'avaient pas de quartier.

J'ai entendu des Espagnols blâmer le traité de lord Elliot : ils regrettaient le temps où blessés et prisonniers étaient impitoyablement massacrés; et ces barbares se disent civilisés!

Après une forte journée, j'arrivai, ou plutôt je descendis presque à pic, dans un vallon où l'on découvrait une petite plaine d'une lieue carrée. Il y avait trois ou quatre jolis villages; les carlistes avaient établi dans cet endroit une manufacture de fusils, de poudre et une fonderie de canons. Je m'arrêtai au premier bourg, et le corrégidor du lieu voulut bien me loger. C'était un homme riche, d'un âge mur, qui avait fait toute la guerre de l'indépendance; il était dévoué de corps et de biens à Charles V. Il avait déjà beaucoup souffert pour ses opinions royalistes : Rodil lui avait fait brûler une belle métairie et un moulin. Pendant près d'un an, et lorsque les colonnes des christinos parcouraient les montagnes, il avait été forcé de fournir des quantités considérables de rations de toute espèce. Depuis que les troupes de la reine ne pénétraient plus dans l'intérieur des terres, il payait chaque jour des contributions énormes; mais quelle différence pour lui, ces contributions étaient en faveur de son parti, il ne se plaignait pas. Son fanatisme religieux et politique allait si loin que, père d'une nombreuse famille, il lui importait peu de la laisser dans la misère, pourvu que la religion, qu'on lui avait dit être menacée, reparût toute puissante entre les mains des prêtres, et sous la protection de Charles V. S. M. avait logé deux fois chez lui, et j'eus l'honneur de coucher dans la même chambre et dans le même lit que le roi.

Je n'étais qu'à cinq lieues de Salvatierra; il me tardait d'y arriver, je me mis en route au point du jour. Je n'avais pas fait une heure de marche, quand je rencontrai un officier supérieur qui se rendait également au quartier royal; nous voyageâmes ensemble. Il me dit que depuis le commencement de la guerre il avait été un des aides-de-camp de Zumalacarreguy, qui avait toujours eu pour lui beaucoup d'estime; il allait solliciter du roi le commandement d'un ou de deux bataillons.

Nous arrivâmes à Salvatierra à une heure de l'après-midi; nous pûmes bien difficilement trouver de la place pour nous et nos chevaux, toutes les auberges, toutes les maisons, étaient remplies de militaires. — Après avoir goûté d'un ragoût qui probablement avait paru sur plus d'une table, je m'habillai et me fis conduire au logement du ministre de la guerre, M. le comte de Villemur.

Ici commencent toutes mes infortunes, toutes mes douleurs. Je sais combien il est fatigant de long-temps parler de soi, je serai aussi bref que possible et ne dirai que ce qui pourra réellement intéresser les lecteurs.

Je me présentai devant M. de Villemur avec tout le respect dû à son titre de ministre : il me reçut d'abord avec assez de courtoisie; je lui remis la passe que m'avait donnée à Urnieta le général Gomès, il la lut attentivement, puis feuilleta beaucoup de papiers, portant les yeux sur moi, ensuite les reportant sur ce qu'il lisait. J'avais cru devoir ne pas accepter la chaise qu'il m'avait présentée, j'étais resté debout, et j'allais prendre congé de lui, lorsqu'il me dit sèchement de le suivre. J'ai oublié de dire que Mme la comtesse de Villemur était présente, assise à quelques pas de moi, dans un fauteuil; elle lisait attentivement une lettre qu'on venait de lui remettre, et poussait de temps en temps des exclamations parfois énergiques.

J'obéis à l'ordre du ministre. Nous traversâmes deux ou trois rues; arrivés devant une maison entourée de sentinelles, S. Exc. appela le capitaine de service, lui dit quelques mots à l'oreille et me laissa entre ses mains : je n'étais pas revenu de mon étonnement, que déjà deux soldats m'avaient entraîné dans une salle... j'étais prisonnier !

Quand mes yeux purent distinguer les objets, j'aperçus, couchés sur un peu de paille, quelques soldats fortement attachés. Un peu plus loin, une jeune femme, nourrissant un enfant de huit à dix mois, était étendue sur une mauvaise paillasse; son mari, Emmanuel Céréso, voiturier à Vittoria, accusé d'avoir conduit dans sa voiture un libéral de Pampelune, était arrêté depuis assez longtemps; sa femme était venue partager et adoucir les rigueurs de sa prison. J'aurai occasion plus loin de parler de ces deux individus; dans ma position ils me furent assez utiles. Il y avait aussi un commandant que j'appris à connaître en peu de temps : il avait à la fois servi d'espion aux deux partis ; c'était un misérable qui avait quelque éducation. Je n'ai jamais rencontré un être aussi faux que ce don Jose Ugarte, c'est son nom : son avancement militaire avait été fait en Amérique.

L'officier de service, qui était un capitaine, M. Corral, me fit déshabiller pour s'assurer si j'avais des armes sur moi; il devait aussi s'emparer des clés de mes bagages.

L'ordre de se mettre en marche avait été donné pour quatre heures. Déjà les tambours avaient battu le rappel, la troupe était sous les armes, on attendait que le roi sortît de son logement : je le vis, il était à cheval : je dois avouer que je fus surpris, je le croyais entouré d'une cour plus brillante et plus nombreuse; sept ou huit personnes, aussi à cheval, marchaient à sa suite, les unes habillées en bourgeois, les autres unissant l'habit bourgeois au pantalon militaire, *et vice versâ*, tous portant un grand sabre de cavalerie, arme indispensable pour des gens qui ne voyagent jamais à pied. Le comte de Villemur en avait un qui me sembla énormément grand, peut-être aussi me parut-il tel, parce que S. Exc. est d'une taille au dessous de la moyenne.

Vint notre tour de suivre le départ de la troupe. La garde de prévention marche toujours avec le quartier royal ; le bataillon des guides d'Alava, qui depuis bien long-temps forme l'escorte du roi, fournit chaque jour une compagnie entière pour la sûreté des prisonniers. La garde de prévention est ce que nous appelons en France garde du camp ; en Espagne elle est aussi prison, mais prison ambulante ; on y met le soldat pour une faute légère de discipline ; on y met aussi le déserteur, l'espion, qui seront fusillés le soir ou le lendemain. On peut juger par-là de la responsabilité des officiers de service, de la sévérité de la consigne et de la vigilance des nombreuses sentinelles qui nous entouraient.

Le ministre de la guerre avait ordonné qu'on veillât expressément sur mes bagages ; ils ne pouvaient rester à Salvatierra, on fut donc obligé de les arranger sur une mule. Comme il fallait un contre-poids, je jugeai à propos d'être le propre gardien de mes effets : je grimpai sur la bête et m'y établis de mon mieux.

Je ne ferai pas voyager le lecteur de village en village, de montagne en montagne, ce serait par trop fatigant : il lui importe peu de savoir que nous fûmes coucher à Appellanis, ensuite à Arronis, puis à Orbisun.

J'avais eu la précaution de demander le meilleur cheval, mule ou mulet, selon les villages, pour porter mes malles et moi, en sorte qu'après quelques jours de marche, les officiers de service étaient persuadés que j'avais droit à ce qu'ils appellent en Espagne un bagage, c'est-à-dire, à une monture quelle qu'elle soit. J'ai toujours eu soin de ne jamais leur faire croire qu'ils étaient dans l'erreur ; et c'est à cheval, quand le terrain le permettait, que j'ai fait près de deux cents lieues dans les provinces de Navarre, Alava, Biscaye et Guipuzcoa, couchant presque toujours dans les mêmes villages, quoique y arrivant chaque fois par de nouveaux chemins, si l'on peut appeler de ce nom une ligne parcourue à travers des champs et des bois, c'est-à-dire, presque à vol d'oiseau.

Je ne tardai pas à connaître tous les officiers du bataillon des guides d'Alava. J'ai à me louer de plusieurs officiers, braves gens, que je ne crois pas très fanatiques, mais que des circonstances impérieuses retiennent sous les drapeaux de Charles V.

A Santa-Cruz, nous reçûmes d'autres compagnons d'infortune : un jeune garçon de 12 à 14 ans, accusé de servir d'espion aux christinos, un soldat navarrais, déserteur, qui avait été arrêté à peu de distance de Saint-Sébastien : ce malheureux était couvert de vermine ; nous ne le gardâmes que quelques heures avec nous. Le soir, nous rencontrâmes son bataillon ; on le remit entre les mains de ses chefs, un chapelain le confessa, et quatre balles dans la tête l'envoyèrent dans l'autre monde.

Je ne dois pas oublier l'alcade de Treviño, brave homme, père de famille, et qu'on avait arrêté, parce qu'il n'avait pas à temps donné avis qu'une colonne de quatre cents christinos était venue dans sa petite ville percevoir les contributions. Le général Uranga, qui commande le quartier royal, l'avait condamné à fournir cinq cents paires d'alpargatas (espèce de semelle faite en corde, qui s'attache aux pieds au moyen de courroies ; c'est la chaussure des troupes royales) ; et jusqu'à ce qu'elles fussent livrées, il devait être des nôtres.

Nous arrivâmes à Estella le 1er août : on y séjourna trois jours. Le 2, dès la pointe du jour, les tambours battaient dans les rues, les clairons sonnaient des fanfares; bientôt après j'entendis les trompettes qui précédaient la cavalerie; de nombreux détachemens de troupe de ligne arrivaient de toutes parts. J'appris qu'il devait y avoir une grande cérémonie, la bénédiction d'une bannière faite par les mains augustes de la princesse de Baira, belle-sœur de Charles V.

A onze heures eut lieu la remise de cet étendard aux escadrons de Navarre, en présence d'un nombre considérable de troupes. Au milieu de cette bannière était brodée l'image de la Vierge de toutes les douleurs; et ce fut sous la protection immédiate de cette sainte que Charles V mit ses bataillons, espérant, à l'aide de cette haute intercession, monter sur une trône qui est encore bien loin de lui.

Dans la journée, je reçus la visite d'un officier supérieur, second commandant du bataillon des guides d'Alava, accompagné de son secrétaire, sous-lieutenant de voltigeurs au même corps. Ces deux messieurs avaient été désignés par le ministre de la guerre pour m'interroger et visiter mes effets.

Ce fut alors que je sus positivement de quoi j'étais accusé; il n'y allait de rien moins que de ma vie. Je passais pour être venu au quartier royal dans l'intention d'assassiner S. M. Je ne pus m'empêcher de rire quand *mes juges d'instruction* m'apprirent cela avec toute la gravité castillanne. — Au moins, vous conviendrez, Messieurs, que c'est m'interroger un peu tard ; car on m'a laissé tout le temps d'anéantir les preuves du crime dont je suis accusé (1); et d'ailleurs, depuis huit jours, j'ai vu S. M. au moins dix fois ; elle est passée trois à quatre fois à deux pas de moi ; il m'eût été facile de l'assassiner, si pareille pensée eût jamais existé dans la tête d'un homme d'honneur et d'un gentilhomme français, dont les opinions sont connues de quelques personnes dans sa patrie.

Ce début de ma part les surprit : ils s'attendaient à trouver un coupable accablé sous le poids de ses remords, ils rencontraient un jeune homme gai, presque railleur, et d'une parfaite insouciance sur ce qu'on pourrait faire de lui.

On procéda gravement à mon interrogatoire. Au lieu de me faire lever la main, comme en France, pour jurer de ne dire que la vérité, ils me firent croiser l'indicateur sur le pouce, ce qui simulait tant bien que mal une croix. Après avoir pris mes

(1) Je n'avais pas les clefs de mes malles, et le capitaine qui descendait la garde les remettait à celui qui la prenait ; mais cependant on m'avait laissé la permission de changer de linge, de me raser, etc., toutefois en présence de l'officier de service. Les uns par discrétion, les autres parce qu'ils avaient à faire, me laissaient des heures entières maître de mes effets : il m'eût été très aisé de me débarrasser de tout ce qui aurait pu me compromettre, si j'avais été coupable.

noms, prénoms, titres, âge, profession et demeure, ils me demandèrent si je croyais à la religion catholique, apostolique et romaine, si j'avais été baptisé, et autres questions de cette force. Cette manière de procéder me parut bien extraordinaire de la part de deux militaires : deux juges de feue la sainte inquisition n'auraient pas mieux fait.

Il me fallut répondre ensuite à une foule de questions que je ne comprenais guère ; mais enfin j'y répondis avec autant de franchise qu'il y en avait peu de leur part à me les faire.

Après trois heures d'une comédie où je jouai mon rôle assez bien, on visita mes effets : une à une je dépliai mes nippes, rien n'échappa à leur contrôle, jusqu'à mes linges pour la barbe. Je m'aperçus que ces messieurs prenaient de moi une opinion avantageuse à mesure qu'ils inventoriaient mes effets : j'ai la manie de ces petits riens qui servent au raffinement de la toilette, de ces légers meubles qui font distinguer de suite un homme habitué à toutes les aisances de la vie ; mon trousseau, sans être très considérable, était cependant riche. Comme en partant pour l'Espagne j'ignorais l'époque de mon retour en France, et ce qui pourrait m'y arriver, rien ne me manquait pour faire une longue et pénible campagne. J'avais fait emplette de tout ce qui est de première nécessité, d'abord, et puis aussi de beaucoup de choses dont à la rigueur on peut se passer, mais qu'on est bien aise cependant de pouvoir rencontrer. Ils virent tout, touchèrent à tout, ne devinèrent pas l'usage de tout, mais enregistrèrent tout.

Mes papiers, c'est-à-dire, deux porte-feuilles remplis de notes d'études, subirent un examen rigoureux; mon journal de voyage fixa aussi leur attention, particulièrement un énorme couteau-poignard espagnol, que j'avais acheté à mon premier voyage dans ce pays, et que je portais parmi mes effets comme objet de luxe et de curiosité.

Mon interrogatoire terminé, visite faite de tout ce qui m'appartenait, ils me firent signer plusieurs papiers, et s'en furent, emportant avec eux mon poignard, mon passeport, deux lettres insignifiantes, mes porte-feuilles et mon journal de voyage, dont la lecture a dû les scandaliser un peu.

Je crus que je ne tarderais pas à être mis en liberté, mais combien j'ignorais les formes lentes de la justice espagnole, ou plutôt l'insouciance espagnole à l'égard des personnes accusées. Peu leur importe qu'un homme gémisse sous les verrous : vérifier sa culpabilité ou son innocence est un travail pour eux; or, pour eux, le travail est un effort surhumain, dont ils se dispensent le plus long-temps qu'ils peuvent.

Trois officiers français obtinrent du capitaine de service la faveur de venir causer un instant avec moi : c'étaient MM. *, **, ***, tous trois bien connus à l'armée royaliste pour leur valeur plus que chevaleresque. Je ne connaissais par les deux derniers, mais le premier avait été avec moi pendant plusieurs années à l'école militaire de la Flèche, alors que Saint-Cyr n'était pas encore école spéciale. Ces trois messieurs m'abordèrent avec un air bien triste : ils crurent qu'une figure bien longue était de rigueur pour venir voir un homme qu'ils croyaient à moitié mort de peur. Quel fut leur étonnement quand ils entrèrent dans la prison et qu'ils m'aperçurent, me promenant au milieu de mes autres camarades d'infortune, écorchant à plein gosier un air de *Robert-le-Diable*.

M. * m'embrassa et me présenta ensuite nos deux autres compatriotes. Ils me dirent que mon affaire était bien mauvaise, et qu'on croyait que je ne tarderais pas être fusillé. J'avoue que ce mot, répété si souvent à mes oreilles, me fit impression. Ils me conseillèrent d'écrire de suite au roi, de me réclamer auprès de lui des officiers français et espagnols que je connaissais dans l'armée royale, d'écrire également en France aux personnes dont les opinions légitimistes étaient connues des chefs royalistes espagnols : de leur côté ils m'offrirent de faire toutes les démarches nécessaires pour éclaircir le complot infâme dont j'étais la victime.

J'acceptai leurs offres avec la plus vive reconnaissance, ils me quittèrent peu après.

M. ** écrivit le jour même à Bayonne à M. L., agent carliste. M. *, que j'avais prié d'aller parler en ma faveur au ministre de la guerre, écrivit également à M. D., autre agent carliste. Moi-même je me mis à l'ouvrage et adressai à S. M. un placet, où, malgré les expressions les plus respectueuses, je me plaignais énergiquement de l'insulte qu'on faisait à mon honneur en m'accusant, sans m'en donner les preuves, d'un crime aussi atroce que celui de régicide.

Assez avant dans la soirée, mon ancien camarade M. * vint me revoir; il me dit que le ministre de la guerre était furieux contre moi : dès qu'il entendit prononcer mon nom, il s'emporta au point de répondre à M. * : « Ne me parlez pas de cet homme-là, on en a fusillé beaucoup qui ne le méritaient pas autant que lui. » M. * fut atterré, il salua, et se retira à l'instant.

Je me perdais dans une foule de conjectures; cependant la nuit calma peu à peu mes craintes et ma juste indignation. Je connaissais le caractère du ministre de la guerre par ce qu'on m'en avait dit: si M. de Villemur avait eu entre les mains la moindre preuve raisonnable de ma culpabilité, il n'aurait pas attendu si long-temps pour me faire fusiller. Il n'avait donc jusqu'ici que des soupçons : j'abandonnai ma destinée au hasard et j'attendis tout du temps.

A Estella, nous perdîmes Emmanuel Cerezo et sa femme, qui obtinrent enfin leur liberté; je veux dire qui l'achetèrent. Ce voiturier avait été condamné à une amende de dix onces d'or pour le crime qu'on lui connaît : cette somme était bien au dessus de ses moyens; il se voyait donc pour long-temps en prison; sa femme abandonna la maison, et, son nourrisson dans ses bras, vint partager la captivité de son mari. Comme elle pouvait aller, venir, elle nous faisait nos commissions; elle était également chargée de faire la cuisine. Dès les premiers jours de mon arrestation, nous fîmes gamelle commune, son mari, elle et moi. Je m'en trouvais fort bien : aussi, tout en partageant la joie de ces pauvres gens, je n'étais pas très content pour mon compte particulier de les voir partir.

A force d'écrire, d'aller supplier le général par-ci, le général par-là, après plus de deux mois de détention, ils furent libres au prix de 160 francs (*deux onces*).

Je vais faire une réflexion qu'on croira méchante, et qui n'est que vraie : c'est que l'humanité n'entra pour rien dans la diminution de l'amende, fixée d'abord à 10 onces, puis tombée à 2. On ne peut pas se figurer combien le parti royaliste a besoin d'argent : on accepta 160 francs, parce qu'en prolongeant sa détention, il eût été impossible à Cerezo de payer un sou.

On avait réuni aux environs d'Estella une grande quantité de troupes : le bruit courait que S. M. était dans l'intention d'aller attaquer une forte colonne de christinos qui se trouvait du côté de Lerin.

Nous quittâmes Estella à quatre heures du matin. Sans doute que les chefs royalistes avaient un autre plan, car, arrivés à Bernedo, chaque bataillon revint sur ses pas. Le quartier royal se mit de nouveau à courir les montagnes pendant quelques jours.

Nous traversâmes Arquijas, lieu célèbre, qui a vu deux fois les troupes royales et les troupes de Christine en venir aux mains, sans autre résultat qu'une perte assez considérable d'hommes de part et d'autre.

Il est facile de deviner que dans toutes ces courses j'ai dû rencontrer, voir, croiser presque tous les bataillons, presque toute la cavalerie de Charles V.

Aux haltes, dans les villages où nous dormions, j'ai eu occasion de parler avec des officiers français et espagnols : naturellement observateur, on ne s'étonnera pas si je puis donner des renseignemens, citer des faits que personne n'osera sérieusement démentir.

Par une belle et chaude journée du mois d'août,

après trois ou quatre heures de marche, nous débouchâmes tout-à-coup sur une route royale : c'était celle de Vittoria à Miranda, Burgos, etc. Grande fut ma surprise : c'était la première fois, depuis mon arrestation, que je marchais sur un sol uni. Nous fîmes deux lieues sur ce beau chemin, et nous arrivâmes à Treviño dans la soirée. Le froid accueil qu'y reçut S. M. me frappa; à part toutes les cloches qui m'étourdissaient de leurs criailleries (musique obligée partout où le roi passe); je n'entendis pas un vivat. En y réfléchissant, je fus moins étonné. Treviño, long-temps occupé pas les christinos, se trouve à quatre lieues de Miranda, ville frontière, une des clés de la Castille, où la reine a toujours eu une assez forte garnison. Souvent les colonnes ennemies passent et repassent vers ce point, qu'elles escortent des convois pour Vittoria, ou que sortant de cette ville, elles aillent opérer sur les bords de l'Ebre. Treviño est obligé de ne pas manifester son enthousiasme pour Charles V, dans le cas où il existerait.

Nous avions parmi nous, comme je l'ai dit plus haut, l'infortuné alcade de cette petite ville; de grosses larmes roulaient dans ses yeux en traversant les rues pour arriver à la prison. (Je me rappellerai bien long-temps la nuit pénible que j'y passai, couché sur le sol et enveloppé dans mon manteau; la vermine de toutes les couleurs, des rats de toutes les grosseurs ne me permirent pas de fermer l'œil.) Sa juridiction d'alcade s'étendait sur tout le comté de Treviño, trente-deux villages en dépendaient. Le pauvre homme se croyait déshonoré, parce qu'il marchait escorté par des baïonnettes : il était peu philosophe l'alcalde de Treviño.

De nouveau, en quittant Treviño, nous marchâmes sur la grande route comme si nous voulions passer l'Ebre et entrer en Castille. Nous fîmes une halte à une heure de Miranda. Tout-à-coup les tambours rappellent, le bataillon se réunit, on quitte la route et nous nous jetons précipitamment dans un petit chemin couvert, à une demi-portée de fusil à gauche de la route du chemin royal. Nous marchions en silence, mais rapidement; déjà on apercevait les murs de Miranda, lorsque les grenadiers et voltigeurs des guides d'Alava reçurent l'ordre de se porter au pas de course vers une petite hauteur qui domine le chemin. Peu d'instans après, nous entendîmes le galop des chevaux, et puis quelques coups de fusils; nous quittions la traverse, la garde de prévention s'arrêta dans une maison sur les bords de la route; je découvris parfaitement ce qui se passait.

Un convoi de dix-neuf charriots venait de sortir de Miranda, escorté par quarante carabiniers, il allait ravitailler la garnison de Vittoria; quelques lanciers du 3ᵉ escadron de Navarre, et qui nous servaient d'éclaireurs, l'aperçurent. Ils vinrent de suite en rendre compte. On détacha dix lanciers pour s'assurer de la force de l'escorte ; plusieurs compagnies d'infanterie furent jetées en tirailleurs à droite et à gauche, et avant que la garnison eût eu le temps de prendre les armes, le convoi était enveloppé et tombait en notre pouvoir. L'escorte ennemie perdit trois hommes : un capitaine gradué de lieutenant-colonel, un sous-lieutenant et un soldat ; ils avaient demandé quartier, mais la cavalerie navarraise n'est pas dans l'habitude d'en donner, ne serait-ce que pour la dépouille de leurs ennemis ; ils tuent impitoyablement. Un lancier reçut presqu'à bout portant un coup de pistolet dans la poitrine ; il mourut dans la soirée.

Cette prise était d'une importance réelle ; depuis le commencement de la guerre, l'armée royale n'avait jamais été aussi heureuse : dix-neuf charriots chargés de farine, de riz, de viandes sèches, de vin, etc., quatre-vingt-douze mules magnifiques, qui doivent servir pour traîner l'artillerie ; et cette prise faite à la barbe de l'ennemi ! La vérité est qu'il était quatre fois en plus petit nombre que nous.

Je ne dois pas oublier une autre capture, qui eut bien son importance ; car on était en veine de bonheur ce jour-là ; et cependant le hasard seul avait tout fait.

Chez nous, on ignorait qu'un convoi devait sortir de Miranda; la garnison de cette ville ne savait pas non plus que plusieurs bataillons royalistes étaient près d'elle; et la preuve, c'est que pendant la nuit où nous dormîmes à Treviño, six chariots, escortés par trente peceteros, se rendirent à Vittoria, et passèrent à cinquante pas de nous sans être vus.

Cette capture était une espèce de messagerie faisant le trajet de Vittoria à Valladolid : elle ne voyageait pas de nuit, ainsi que cela se pratique en Espagne; elle avait couché à Miranda le matin; elle s'éloignait assez rapidement de cette ville, lorsque, aperçue par les nôtres, l'ordre de s'arrêter lui fut donné. On s'en empara; et, toujours par suite du hasard, les quatorze voyageurs ou voyageuses se trouvaient être des employés du gouvernement de la reine ou des habitans de Vittoria connus par l'exaltation de leur opinion libérale. Ils furent conduits à la garde de prévention, on pilla tous leurs bagages, et les huées ne leur furent pas épargnées. Il y avait six femmes, un jeune enfant, trois employés, deux négocians de Vittoria, don José Ugarte, homonyme sans être parent de l'officier supérieur dont j'ai déjà parlé, et don Melchior Carpintero, le conducteur de la voiture, ayant nom Valdomillo, et le postillon. Tout le monde fut fouillé très scrupuleusement, les femmes aussi; mais elles furent mises dans un autre chambre, car nous étions déjà très nombreux dans la nôtre.

La journée se passa à s'observer de part et d'autre; les royalistes prirent position presque sous les murs de Miranda; mais la garnison ne sortit pas de ses murailles. Vers le soir, les nôtres furent se reposer dans les villages environnans, et le bataillon des guides d'Alava accompagna le roi à Espejo, où il passa la nuit. J'ignore pourquoi la garde de prévention ne suivit pas la même route. Nous tournâmes dans les montagnes, et après une marche aussi longue que pénible, nous arrivâmes à Espejo à deux heures du matin.

Nous restâmes, nous prisonniers, deux jours à Espejo, pendant que les bataillons furent pousser une reconnaissance jusqu'à Pancorbo, et user quelques cartouches avec les urbains de cette ville.

Le nombre des prisonniers s'était accru considérablement, et à chaque instant on en conduisait de nouveaux. Le premier jour ce fut l'alcade de Puentelarra. Il y avait une garnison de christinos dans cet endroit; en apprenant l'approche des troupes royales, le commandant avait lâchement fui avec sa troupe; en sorte que dès que la nouvelle en fut connue au quartier royal, on y envoya de suite quelque centaines d'hommes. Des fusils, deux ou trois quintaux de poudre; une contribution, dont je n'ai jamais su le montant, imposée aux habitans, et payable dans les vingt-quatre heures furent la conséquence d'un acte de lâcheté de la part d'un chef qui méritait la mort.

L'alcade de Puentelarra avait été arrêté, il devait servir d'otage jusqu'à l'arrivée des fonds. Celui de Treviño fut mis en liberté ce jour-là : les cinq cents paires d'alpargatas étaient enfin livrées.

On renvoya également les femmes prises dans la voiture de Valladolid : elles étaient de Vittoria; on y connaissait leur infortune ; par représailles, plusieurs personnes suspectées de carlisme avaient été arrêtées, probablement on leur aurait fait un mauvais parti, si les deux négocians qui se trouvaient avec nous n'avaient écrit de suite de cesser tous mauvais traitemens dans leur propre intérêt.

Le jour suivant les bataillons revinrent; celui des guides d'Alava, qui occupait Espejo, nous amena prisonnier un urbain de Pancorbo, ex-officier des royalistes. Cet individu, architecte de son état, avait été forcé d'entrer dans la garde nationale, au moment où l'enthousiasme presque général en Espagne décrétait ennemis du trône d'Isabelle tous ceux qui ne prenaient pas rang dans cette milice; il avait assez bien déguisé son opinion jusqu'à ce jour; mais trouvant l'occasion de déserter une cause qui n'était pas la sienne, il avait profité de l'arrivée des troupes royales, et s'était échappé à cheval de Pancorbo. Dans la journée, il arriva au quartier général, et se présenta à Moreno, en lui disant : —Voilà un royaliste de plus, je viens servir sous mes anciens drapeaux.—Le général lui répondit froidement en lui tournant le dos : il est trop tard. — Atteré par ces paroles, ce pauvre diable perdit la tête. Il était toujours à cheval; oubliant qu'il lui était de toute impossibilité d'échapper, il tourne bride, pique des deux, et le voilà parti Quelques lanciers et un aide-de-camp de Moreno se mirent à sa poursuite; ils l'atteignirent en quelques secondes. Au lieu de l'arrêter, ce qui eût été plus naturel, ils le sabrèrent. Il avait déjà reçu trois coups de sabre, lorsqu'il tomba de cheval en demandant quartier. Comme aux yeux de toute personne raisonnable il venait de donner une preuve de folie, l'officier empêcha qu'il ne fut achevé. Il nous arriva le soir dans un piteux état. Sa femme et sa belle-sœur, qui avaient appris promptement son malheur, vinrent de suite le rejoindre et lui porter les premiers soins.

Un soldat christino, sorti de l'hôpital, et regagnant son régiment, fut rencontré et conduit devant le général Uranga. Il préféra prendre les armes en faveur de Charles V, plutôt que d'aller partager le sort très dur, m'a-t-on dit, des autres militaires faits prisonniers, et qui n'avaient pas (le nombre en est bien faible) voulu abandonner leur premier drapeau, celui de la reine d'Espagne.

Il y a en a qui depuis près d'un an n'ont pas vu s'améliorer leur position. L'échange des prisonniers n'a pas encore été fait ; il en était question dernièrement, peut-être n'est ce qu'un projet.

Bien avant dans la nuit, nous fûmes réveillés par l'arrivée d'un jeune officier, aide-de-camp du général Cordova : il avait été fait prisonnier par quelques cavaliers de l'escadron sacré envoyés en découverte. Il avait nom Alonzo Contreras; ses traits indiquaient assez tout ce qu'il éprouvait intérieurement : la crainte, le regret d'être au pouvoir des ennemis, l'incertitude de son sort avenir ; sa figure longue et maigre, mais fortement caractérisée, reflétait ces divers sentimens. Heureusement qu'il était tombé entre les mains de quelques officiers de l'escadron sacré, qui avaient respecté sa vie ; il n'avait perdu que ses épaulettes, son épée, son manteau et son cheval. Voici comment il nous raconta qu'il avait été pris.

Le général Cordova, en apprenant le mouvement qu'avaient fait les troupes royales, se transporta rapidement vers l'Ebre ; il arriva le jour où les bataillons cantonnés à Espejo et aux environs avaient été attaquer Pancorbo. Il forma plusieurs colonnes et se mit sur nos traces, dans l'intention de tomber à l'improviste sur les bataillons de l'arrière-garde. Une de ces colonnes passa très près d'Espejo, mais elle n'y entra pas. Elle aurait pu, sans tirer un coup de fusil, s'emparer de la quatrième compagnie des guides d'Alava, qui formait la garde de prévention. Il eût été assez plaisant pour moi de devenir le prisonnier des christinos. Le hasard voulut que ni les uns ni les autres ne suivissent les mêmes chemins. Cordova, voyant cela, envoya dans la soirée un de ses aides-de-camp, M. Alonzo Contreras, porter l'ordre à un gros de cavalerie placé en avant-garde de rétrograder. Cet officier, qui ne connaissait pas le pays, se perdit dans les champs, et fut pris, comme je l'ai dit plus haut.

On s'attendait à une affaire sérieuse pour le jour suivant. Charles V avait réuni un grand nombre de bataillons. De son côté, le général Cordova était à la tête d'une forte colonne; et si de part et d'autre on eût eu bonne envie de se battre, l'occasion était belle. Tout se termina cette fois-ci comme presque toutes les autres fois. Les sentinelles avancées échangèrent quelques coups de fusil sans se faire grand mal, et en s'injuriant, comme c'est la coutume, de la manière la plus dégoûtante. Puis, nous recommençâmes nos promenades dans les montagnes.

On se mit en route pour Orduña. Nous étions vingt-quatre ou vingt-cinq personnes à la garde de prévention, je m'aperçus qu'une partie des soldats qui nous escortaient avaient les fusils chargés. — Nous marchions bien lentement :

M. Alonzo Contreras, ainsi que ceux de Vittoria, n'étaient pas de rudes marcheurs.

Je fus obligé de mettre souvent pied à terre pour leur prêter mon cheval.

Ce fut en partant d'Orduña, que j'eus la mauvaise idée de me séparer de mes bagages et de les faire mettre dans une voiture qui servait au général Moreno; il s'était foulé un bras en tombant de cheval, et il était obligé de voyager dans une espèce de char qu'on appelle galère en Espagne. Comme il ne suivait pas les mêmes chemins que nous, je restai plusieurs jours sans le rencontrer, et privé par conséquent de mes effets.

Nous nous arrêtâmes successivement à Orosco, à Zornezo, trois lieues de Bilbao; Durango, ou est né le lieutenant-général Eguia, aujourd'hui vice-roi de la Navarre; Ochendiano, où nous eûmes une fause alerte; Oceta, et Larion, où nous restâmes deux jours.

Ma position était devenue plus pénible depuis l'arrivée des prisonniers de tous genre qu'on amenait journellement à la garde de prévention. La rigueur de la consigne, que j'avais vu s'adoucir quelquefois pour moi, quand étaient de service les deux ou trois capitaines qui me portaient de l'intérêt, ne fit plus d'exception. La privation que j'éprouvais des choses les plus nécessaires, par le manque de mes valises, augmentait encore ma mauvaise humeur; c'est de ce moment que j'ai réellement souffert, et physiquement et moralement. Les individus de Vittoria, qui avaient tous les moyens d'adoucir leur captivité, ne se refusaient rien ; mais par suite du peu de symphatie qui existait entre eux et moi, ils ne m'auraient pas offert un verre d'eau; de mon côté, j'étais trop fier pour leur demander le moindre service.

Nous partîmes à deux heures du matin. A Villareal, petit village qui a donné le jour au général de ce nom, on distribua à la troupe une ration de pain, en nous prévenant que nous avions une longue marche à faire ce jour-là. Vers trois heures du matin, nous traversâmes Salvatierra sans nous y arrêter ; mais, à mon grand plaisir, nous y laissâmes tous les prisonniers militaires, et de ce nombre étaient M. Alonzo Contreras, les trois employés du gouvernement de la reine et l'urbain de Pancorbo. Nous traversâmes cette longue montagne boisée, que surmonte un plateau de plusieurs lieues, je veux parler de la Mescoa; on fit la halte au milieu d'une plaine immense, sans une seule maison qu'un vaste bâtiment carré, qui était à la fois couvent sans moines, église sans autel, auberge sans maîtres et prison sans geôlier. Qquelques malheureux bergers vendirent très cher un peu de fromage de chèvres, que les officiers se partagèrent. Il y avait heureusement une fontaine d'une eau fraîche et bonne, comme on en rencontre seulement dans ces montagnes; les soldats cassèrent un morceau de pain, se remplirent l'estomac d'eau, fumèrent une ou deux cigarrettes et dormirent deux heures.

Nous avions déjà fait au moins six lieues, il fallait en faire autant pour arriver à Estella : la troupe ne paraissait nullement fatiguée, pas une plainte, pas un traînard ; il serait impossible au régiment le mieux discipliné, le mieux aguerri, de parcourir par des chemins aussi affreux, des distances aussi longues que celles que j'ai franchies, et que j'ai vu franchir par ces jeunes soldats, qui ne sont pas vêtus, pour la plupart, qui manquent souvent du nécessaire, qu'on ne paye pas ou presque pas, et tout cela pour une cause qui n'est plus la leur, puisque aujourd'hui ils ne se battent pas pour la défense de leurs fueros, mais bien pour un prince qui réclame ses droits à un trône, en dépit des obstacles que lui opposent les deux tiers d'une nation qui reconnaît un autre souverain dans la personne d'Isabelle II.

Nous passâmes la nuit dans un petit village à une demi heure d'Estella, et le lendemain au matin nous y entrâmes.

Depuis long-temps les troupes avaient besoin d'un peu de repos : on nous annonça que le roi resterait quelques jours à Estella. S. M. a une prédilection pour cette ville ; et cependant sa position n'est pas à l'abri d'un coup de main.

Sans fortifications, au milieu d'une population écrasée d'impôts, et qui par conséquent souffre, peu éloignée de Pampelune et de Lerin, où opèrent presque toujours les troupes ennemies, on est obligé de réunir aux environs du quartier royal un grand nombre de bataillons. Il faut que tout ce monde mange et boive tant bien que mal; il s'ensuit que ce pays est à-peu-près ruiné.

Je profitai de notre séjour à Estella pour faire réclamer mes bagages : ceux qui me les avaient volés me firent dire qu'ils ne savaient pas ce que je demandais; pendant trois jours je n'obtins pas d'autre réponse. Enfin, mon ancien camarade de l'école militaire, M. *, que je n'avais pas vu depuis long-temps, vint me faire une visite; il se chargea d'aller lui-même les chercher. Il ne me restait plus rien; tout m'avait été pris : une valise renfermant une seule paire de bottes, un habit et un gilet, voilà ce qui me fut rendu. Je devins furieux, j'écrivis au général Moreno que mes effets avaient été mis et volés dans sa propre voiture, et que la conduite de ses aides-de-camp ou des officiers qui l'entouraient était indigne; que j'allais m'en plaindre au roi et à S. Exc. le ministre de la guerre. Je n'obtins pas de réponse. Ce fut alors que je ne gardai plus aucun ménagement; je fis remettre coup sur coup deux lettres au ministre de la guerre; je lui disais que j'étais fatigué de souffrir, que je demandais à passer devant un conseil de guerre ; qu'il y avait de la cruauté à traiter ainsi un Français, qui de nouveau était venu volontairement servir le parti de Charles V ; et que si je pouvais un jour rentrer en France, je crierais bien haut l'infâmie de sa conduite à mon égard.

Le comte de Villemur se trouva embarrassé : j'avais eu le temps de me faire connaître et reconnaître d'un grand nombre d'officiers dans l'armée, très peu me croyaient capable de commettre le crime dont j'étais accusé. En me faisant fusiller sans un ordre du jour prouvant ma culpabilité, le ministre de la guerre ordonnait un assassinat qu'on aurait pu lui reprocher un jour. Il savait bien qu'il n'était pas très aimé, que son incapacité et sa partialité lui faisaient beaucoup d'ennemis. Il ordonna qu'on s'occupât de suite de mon affaire et qu'on me mit en liberté, s'il n'y avait pas de preuves contre moi. Quant au vol de mes effets, sa réponse prouve la supériorité de son esprit ; la voici :

« On vole en France, on vole en Angleterre, on peut bien voler en Espagne. »

S. Exc. aurait dû ajouter, à plus forte raison, dans la voiture du général en chef.

J'étais donc certain qu'avant peu je connaîtrais mon sort ; mais ce qui demandait une matinée de travail exigea de ces messieurs près de huit jours ; enfin le 27 août, les deux personnes qui avaient pris mes déclarations vinrent me lire un long résumé de mon affaire, dont je n'entendis pas un seul mot, tant j'étais content de dire adieu à tous ces braves gens. Je signai tout ce qu'ils voulurent : ils me dirent que malgré quelques apparences qui pouvaient parler contre moi, S. M., dans sa bonté infinie, voulait bien me pardonner. Pour toute réponse, je leur demandai si je pouvais regagner ma patrie. L'un d'eux sourit ironiquement. «Le comte de Villemur n'a pas encore signé l'ordre de votre mise en liberté,» me répondit-il. — Alors, messieurs, il est du dernier ridicule de m'annoncer mon innocence et de me garder encore dans vos prisons.

Je savais que l'ordre de se mettre en marche avait été donné aux troupes ; je ne comprenais pas ce qu'on voulait faire de moi. Déjà le bataillon des guides d'Alava était sous les armes, lorsque trois ou quatre figures ignobles entrèrent dans la chambre où j'étais avec les autres détenus. Un officier de service les accompagnait; il me dit qu'il avait reçu l'ordre de me remettre entre leurs mains, et sans me donner le temps de faire mes adieux à mes camarades d'infortune, ils m'entraînèrent. Je crus que j'allai jouir de ma liberté, je les suivis ; arrivés devant une maison, aux murs noircis par le temps, et aux fenêtres étroites garnies de barreaux en fer, ils s'arrêtèrent, me firent entrer, et me remirent entre les mains de celui qui paraissait être le maître du logis.

Sans m'adresser une seule parole, mon hôte me fit signe de le suivre; il me conduisit au premier étage, ouvrit une porte presque aussi épaisse qu'elle était haute, et je me trouvai dans un cachot, sans meubles aucuns, et recevant un peu de jour par une ouverture de quelques pouces. J'étais dans la vieille prison d'Estella, autrefois prison de l'inquisition.

Il y avait à peine une demi-heure que j'étais là, adossé contre un mur humide, regardant sans voir, et privé en quelque sorte de la faculté de sentir, lorsqu'un bruit de verroux me tira de cette espèce de léthargie. Le geôlier, celui qui m'avait reçu, grand jeune homme de cinq pieds huit pouces, entra suivi de ses guichetiers, s'approcha de moi, et me dit qu'il a reçu l'ordre de me mettre les fers aux pieds! En disant ces mots, lui et ses porte-clefs m'entourent, me saisissent une jambe, et ils commençaient à river le premier clou, lorsque rappelant toute mon énergie, je fis un mouvement si brusque, que mes bourreaux reculèrent de plusieurs pas. Le geôlier porta aussitôt la main à sa ceinture; je devinai son intention. « Il est inutile, lui dis-je, de faire tant de façons; tirez votre poignard, et frappez-m'en, car pour me mettre les fers aux pieds, vous aurez à lutter contre mon désespoir. Vous êtes cinq, vous parviendrez bien à vous rendre maîtres de mon corps; mais si un de vous lève la main sur moi, je me brise le crâne contre la muraille! »

Il fallait bien que ma voix et mes yeux eussent quelque chose d'effrayant, puisque ces hommes, habitués à ne rien craindre, restèrent devant moi sans oser faire un mouvement. Le geôlier me dit alors (et il y avait de la politesse dans sa voix) : « Je ne puis qu'obéir aux ordres que j'ai reçus. Je comprends bien que vous devez souffrir : tout ce que je puis faire pour vous, c'est de vous permettre d'écrire à S. Exc. le ministre de la guerre, j'attendrai d'ici-là. » Je lui serrai la main : il fut lui-même me chercher ce qu'il fallait pour écrire ; puis il me laissèrent, emportant ma lettre.

Il me serait impossible de dire combien de temps se passa avant que le geôlier eût reçu la réponse. Elle vint enfin : le comte de Villemur était parti, mais le gouverneur de la ville prenait sur lui de m'éviter le supplice d'avoir les fers aux pieds : c'était tout ce qu'il pouvait faire pour moi. Qu'avais-je donc à attendre encore ? Je le sus bientôt, car on me fit entrer à l'étage supérieur, dans le cachot appelé Capilla, dernière demeure des condamnés à mort, et qui doivent la subir dans les vingt-quatre heures. Que voulait-on faire de moi ? Je l'ignorais. Depuis longtemps j'avais pris la ferme résolution de diriger mes forces morales et phisyques vers un seul but, celui de ne pas laisser deviner à mes ennemis que j'étais, comme tous les hommes, susceptible de redouter la mort : j'étais glorieux de mon titre de

Français; j'éprouvais par moment une fièvre de courage, de fanfaronnade, si l'on veut, qui m'eût rendu capable d'affronter sans crainte les dangers les plus grands, la mort même. Je crois qu'un homme ordinaire, mais doué d'une vive imagination, peut commettre dans quelques circonstances des actes sublimes de beauté, ou atroces de cruauté.

J'avais sur moi une seule pièce d'or de 20 fr. : j'obtins du geôlier un matelas et des draps blancs, un souper passable, que je mangeai avec avidité, en faisant souvent de larges libations d'un gros vin de Navarre; enfin je parvins à m'endormir, trop heureux de trouver dans un sommeil forcé l'oubli momentané de mes souffrances!

Au point du jour, il était au plus quatre heures du matin, en face de moi, je vis s'ouvrir comme d'eux-mêmes deux larges guichets, puis au travers de barreaux en fer, mes yeux à peine ouverts, la tête lourde et les membres fatigués, je distinguai une petite chapelle, sur l'autel deux bougies allumées, puis aux pieds un prêtre revêtu de ses habits sacerdotaux et se préparant au saint sacrifice de la messe; je me levai machinalement, et fus m'agenouiller auprès du mur La cérémonie terminée, les deux guichets se refermèrent.

Malgré le pardon que S. M. dans sa bonté infinie avait bien voulu m'accorder, j'étais loin d'être tranquille, mon imagination était frappée, et tout ce que j'avais vu depuis la veille me disait que mes derniers momens étaient arrivés. Je rappelai mon énergie, et réunissant tout ce que je pouvais avoir de courage, j'attendis.

A neuf heures, un caporal et trois soldats entrèrent dans mon cachot; je me levai pour les suivre. Le caporal me présenta un papier, et j'y lus :

« Les *parties volantes* conduiront jusqu'à la frontière de France le ..... ; elles le passeront par les armes, s'il témoigne l'intention de s'échapper.

« Signé DE VILLEMUR. »

Mes préparatifs de départ furent bientôt terminés; je me mis en route avec mon escorte, et après trois jours de marche forcée, j'arrivai à Ainhoa, premier village français.